_____ 님께

세월길 따라
제주 올레길 사연을 담은
시집을 전합니다.

항상 건강하시고
빛나는 문운을 빕니다.

전성준 드림

올레길 놀멍쉬멍

올레길 놀멍쉬멍

2023년 9월 20일 제 1판 인쇄 발행

지 은 이 ｜ 전성준
펴 낸 이 ｜ 박종래
펴 낸 곳 ｜ 도서출판 명성서림

등록번호 ｜ 301-2014-013
주　　소 ｜ 04552 서울시 중구 삼일대로8길 17 3~4층(충무로 2가)
대표전화 ｜ 02)2277-2800
팩　　스 ｜ 02)2277-8945
이 메 일 ｜ ms8944@chol.com

값 13,000원
ISBN 979-11-92945-90-3

※ 잘못 만들어진 책은 바꿔드립니다.
　이 책 내용의 일부 또는 전부를 재사용하려면
　반드시 저작권자의 동의를 얻어야 합니다

올레길

놀멍쉬멍

전성준 시집

도서출판 명성서림

시인의 말

나뭇가지들이 조용히 있자고 해도 바람은 멈추지 않고
우리의 꿈을 싣고 무한 여행을 한다.
바람 많은 날에도 돌담 넘어 보이는 여인들의 고향
대나무 숲 사이로 해녀들의 숨비소리가 들려오고
파도 소리와 함께 새들이 노래할 때는 나도 한 폭의
풍경화 속에 나를 담은 시화를 가지고 싶었다.
시는 바닷가에 널려 있는 보석들이다,
아니 좋을 때가 있던가
소라를 따도 좋고, 파도를 타도 좋고,
고기들의 향연을 넣어도
시가 될 것이라는 믿음을 가지게 되었다.

바람의 여행을 담은 시들을 볼 때마다
문학을 한다는 것이 쉽지는 않지만
희열을 느낄 수도 있다는 것을 느꼈다.
쫓기는 일상 중에 기회가
날 때마다 한 편의 시를 썼다.
한 편의 시가 세상을 치유할 수도 있다는
희망 속에 설익은 시들을 모아 시집을 엮었다.
주어진 삶에서 오랜 망설임 끝에
마련된 시 향이니 질책보다는 격려를 바라고
2집에서는 선배님들의 좋은 습작에 열심히 귀 기울이며
노력할 것을 다짐하면서 상제한다.

1

올레길 놀멍쉬멍

12 / 올레길 놀멍쉬멍

14 / 돌담 넘어 그린비

16 / 조공포 용천수

18 / 길머리에 앉아

19 / 하늘레기

20 / 알작지왓

22 / 돌하루방

23 / 잃어버린 오름

24 / 제주똥돼지

26 / 돌다리

28 / 빌레못동굴 속으로

30 / 월대천 폭낭

32 / 해녀의 숨비소리

34 / 폭풍주의보

36 / 너구리 태풍

38 / 이어도 사나

2

삼도봉 아래서

삼도봉 아래서 / 40
곶자왈 / 42
풀무의 바람 / 44
흐르는 강물 / 45
쥐불놀이 / 46
모 른 다 / 48
먼물깍 메아리 / 50
사마귀의 유혹 / 52
노 루 귀 / 54
용 궐 산 / 56
무척산 막차 / 58
솔깔비 / 60
탐라계곡 / 61
외로운 관음송 / 62
다랑쉬 오름 / 64
관탈도의 낚시 / 66

3

참선의 향기

70 / 참선의 향기

71 / 쇠죽가마

72 / 꽃 문

74 / 이 뭐 꼬

75 / 불꽃나무

76 / 마애삼존불

77 / 낮 달

78 / 천년의 줄탁

80 / 보리수 그늘 아래서

82 / 참 매 미

83 / 바보주막

84 / 성지순례단

85 / 해파랑길

86 / 강물의 속삭임

88 / 바다로 가는 길

90 / 귤나무 꽃

4 풍등을 띄우다

풍등을 띄우다 / 92
땅거미 산책 / 93
사랑의 나침판 / 94
인생은 / 95
청개구리 / 96
텃밭을 가꾸다 / 98
찌낚시 / 99
들 불 / 100
물걸레의 후예 / 101
꿀벌의 선물 / 102
차밭골 아파트 / 104
보릿고개 / 106
아기상어 대소동 / 107
솜 주먹 세계 / 108
별이 떨어진다 / 110
딱 한 잔 / 111

5
겨울 숲

114 / 겨울 숲

115 / 어둠의 그늘

116 / 별 단 풍

117 / 길맞이 능소화

118 / 갇히지 않는 새

120 / 지하철 역에서

121 / 책에 빠지면

122 / 다랑이 밭

124 / 시간여행

125 / 색안경 속에

126 / 첨성대 사연

128 / 마술 연필

130 / 세월을 먹다

131 / 해 먹

132 / 풍차의 마음

134 / 해설

1

올레길 놀멍쉬멍

올레길 놀멍쉬멍

휘파람 불던
높새바람이
바닷바람에 쫓겨
올레길 돌 틈 사이로 숨는다
눈꽃을 털어버린
겨울나무도
돌하르방 헛기침에 놀라
눈곱을 떼고

올레길은 놀멍쉬멍*
할망*이 기다리던 길
바람 비켜 보내고 다가와
차디찬 손 잡아주며

어깨를 낮추어
정낭* 두 개 걸까 망설이다
행여나 님 오시는데
길을 잃을까 봐
정주석에
따스한 봄 맘 하나 보태고
임 마중 간다

* 놀멍쉬멍 : 놀면서 쉬면서의 제주방언
* 할망 : 할머니의 방언
* 정낭 : 대문이 없는 제주에는 정주석에 정낭을 걸어 정낭이 하나면
  잠시 외출, 둘이면 멀리 외출, 셋이면 객지 외출로 소통한다.

돌담 넘어 그린비

별들이 시들어가는 밤
광령리 칠성동산엔
피 맺힌 소쩍새 울음이 들려오고

눈을 뜨고 걸어도
돌담 넘어 그린비*가
나타났다 사라지고
비를 맞으며 걸어도
4.3에 쓰러지던 그린비가
건너오다 사라진다

검붉게 타오르는 군고구마 섬
싸늘한 흙무덤이 눈을 감기도 전에
죽음에 시치미를 떼고 노는
바당밭* 아이들

죽음의 껍질이
채 벗겨지기도 전에
돌담 넘어 그린비는

입술에 담아 온 슬픔을
고백하지 못하고
속솜하라*고 한다

* 그린비 : 그리운 남자. (외솔 최현배 선생이 주장했던 조어다)
* 바당밭 : 제주 바닷가 용암지대
* 속솜하라 : 아무 말도 하지 말라는 제주의 방언

조공포 용천수

새털구름이 기웃거리는
해그늘에 심장이 뛴다

이슬이 담아 온
하늘 물결을
송두리째 삼켜버린
무수천에

용천수* 고운 물이
금모래 사이로
피어오른다

바위를 녹인 차가운
고망물이
너럭바위에 스며들 때

엎드려 입맞춤하던
하늘 풍경과
동여매던 물허벅이 놀라
옷고름을 더듬고

가뭄 고개를 넘긴 물이끼도
조냥*하고 살아남아
풀빛으로 가려 준다

* 조공포 용천수 : 제주시 외도천에 있는 용천수
* 조냥하다 : 아끼다의 제주 방언, 고망물(틈새 물)

길머리에 앉아

올레길
길머리에 앉아
가보지 않았던
육지 얘기
군고구마에 담아
벌겋게 달구고 있다

핏속까지
투박하고 쩨쩨한 물질*
파도의 행간 속을
비비다 떠나가는
푸른 바닷잎이

가보지 않았던 곳
지울 수 없는
사연을 만들며
떠나는 길손에게

지옥 불을 이겨낸
군고구마를 나눠 준다

*물질 : 제주 해녀들이 하는 일

하늘레기*

잃어버린 제주 4.3사건*
불타버린 곤을동 마을
소름 돋았던 돌담 위에
하늘레기 넝쿨 엉클어져
여기저기 맺혀 있다

이제 죽으나 저제 죽으나
산 자와 죽은 자 부둥켜안은 채
지옥마저 태워버린 주검들

아직도 하늘에 매달려
줄기 뒤엉킨 금외 속에
못다 한 불알로 남아
잃어버린 핏줄을
찾고 있다

* 하늘레기 : '하눌타리'의 제주 방언
* 제주4.3사건 : 1948년 4월 3일 제주도에서 발생한 무력충돌과
　　　　　　진압과정에서 양민들이 희생당한 사건

알작지왓*

처음 하늘이 열린 날
돌 구름 일곱 형제
한라산 품을 떠나
넉넉한 바다에 닿는다

천아오름 솔개
안개 타고 나를 때
어승생 벌거숭이
뜨거운 눈물을 흘리고

무수내 협곡
비린내에 젖어
빠끔거리며 내다보던
좀 먹은 얼굴들

냉게소* 소용돌이 돌던
골이 패인 화산 송이와
녹색 몽돌이 서로 만나
신혼 방을 차리고

먼 길을 돌아
널 푸른 바다 알작지왓에 모여
못다 한 가슴들을 풀어내며
제주 바당*을 넉넉하게 한다

* 제주시 내도동 소재 몽돌해변 : 제주도말로 아래(알) 자갈(작지)
  밭(왓) 라는 뜻으로 '아래쪽에 있는 자갈밭'이라는 말이다.
* 냉게소 : 낙차로 인해서 위에서 아래로 떨어지며 패어 고여 있게 된
         물웅덩이 이름
* 바당 : 바다의 제주 방언

돌하루방*

멈추지 않는 바다 울음을
지켜보는 돌하르방
바람 매질 멀리하고
우직하게 서 있다

수억 겁이 흘러도
숨비소리만 지켜줄 뿐
섬이 다하는
마지막 노래는 부르지 않는다

하르방의 커다란 눈망울에
열린 방울들
정겹기만 하다

* 돌로 만들어진 할아버지라는 뜻으로,
  제주도민을 수호한다고 하는 석신

잃어버린 오름*

황금벌판에
피어오른 붉은오름이여
거울 속에 잃어버린
삼별초 이름이여

캄캄한 용암에 갇혀
하늘을 헤집고
땅을 더듬고
핏물로 물들어 가도

세차게 때리는 찬비
쓰러져가는 영혼들
구국으로 굳어버린
마른 시체 위에

풀벌레 우는 소리
억새 우는 소리

* 붉은오름 : 삼별초군은 제주시 애월읍에 있는 붉은오름에서
최후를 맞이했다.

제주똥돼지

감나무 울타리 밑
옷이 까만 먹 돌이
분을 삭이고 있다

마른 똥 막대기를 휘둘러
미처 따 먹지 못한
황금 똥

무성한 잡초와
감귤이 버려진다

움막으로 가던
먹돌이가 달려든다
이건 다 내 것

코를 벌름거리며
돗통을 핥고 있다

풀이 떠난 화산섬
버려지는 황금 막대
막돌이도 먹고 싸고
돌아다니며
덧거름을 만든다

돌다리

조공포*
무수천*에
큰물이 터진다

끊어진 다리 사이로
거슬러 오르는
창끝 맺힌
무수한 혈류

소용돌이 물살 아래로
묻혀
소리치며 울었던
결사대의 피눈물

어두운 밤
갈 길 보이지 않아도
흙내 풍기는
나라수를 찾아
은어 떼
기어오른다

부서진 다리 위에
반짝이는 삼별초
찬바람 속에서
별 셋이 울고 있다

* 조공포 : 제주올레 17코스인 월대는 삼별초가 제주에 주둔해 있던 시절 해상 기지로, 남해 연안 지대에서 보급해온 조공을 이 포구에서 내려 항파두리성으로 운반했다.
* 무수천 : 한라산 정상 서북벽에서 발원해 남쪽에서 북쪽으로 흘러 제주시와 애월읍의 경계를 지으며, 해안동, 광령리, 도평동, 외도동을 거쳐 바다로 흐르는 하천이다.

빌레못동굴* 속으로

언덕마루 굴렁진 수풀 헤치고
살육의 광란을 피해
끝없이 어두운
빌레못동굴 속으로
들어간다

아기를 껴안고
깊이 골진 너럭바위 뒤에
숨은 엄마는
뒤따라오는 아들을 기다린다

언제부터 보고 있었을까
고요한 들판에 토벌대의 총소리
동굴 입구가 핏빛으로 물들고
멍석말이 떼죽음이 이어진다

천정이 막히고
피바람이 떠난 자리
돌에 메쳐 죽은 아들 피가
엄마를 찾아 떨어진다

굶어 죽음을 맞이한
엄마의 말 한마디
"누가 젖을 줄 것인가?"

아기를 안은 채 혼불이 되어
불타는 들녘을 떠돌고 있다

* 빌레못동굴 : 제주시 애월읍 어음리에 있는 용암동굴. 천연기념물 제342호. 총 길이 11.75km, 주굴의 길이 2.9km이며, 비공개 영구보존 동굴이다.

월대천 폭낭*

달빛 타고 내려온
월대천*
맞바람이 빚은
기괴한 폭낭이
양팔을 벌려
별빛 은어들과 밀어를 즐긴다

뼈 굵은 가지에
달그림자
삼별초의 한과
무장대와 토벌대의 피눈물

너무나 처참하기에
너무나 아름다운 월대천

격랑을 피해 온 조각배
포근히 감싸주고
숱한 세월
곧은 마음 즐기며
해와 달을 사랑한 월대

폭을 따 먹어도 좋고
참새 무리와 겨루며
달을 구경해도 멋있다

* 폭낭 : '팽나무'의 제주 방언
* 월대 : 제주올레 17코스인 월대는 조공포라고 불리며 조공을 받기
　　　　위해 기다리던 '넓은 단'이 있다

해녀의 숨비소리*

날이 더워
마루 위에서 눈을 붙였더니
지귀도 괭이갈매기 소리
하얀 물적삼 짝을 찾는 소리

갯바람이 눈을 가리고
바닷속으로 끌고 간다
파도 소리 뒤엉킨 숨비소리

푸짐한 해물 뚝배기
맛있는 도시락을
보이지 않는 물질 싸움에
깊어지는 숨소리

전복을 따러 가던 비바리 뒤
한숨 벌어진 곳에서
네 몸에 네 죽음이 살아
감태에 걸린 해녀의 바둥거림

저승문만 두드리다
간신히 테왁*을 잡는다

* 숨비소리 : 잠수하던 해녀가 바다 위에 떠올라 참던 숨을 휘파람같이 내쉬는 소리.
* 테왁 : 해녀가 물질을 할 때, 가슴에 받쳐 몸이 뜨게 하는 공 모양의 기구

폭풍주의보

늦은 여름
붉은 태양에 시달리는 갯메꽃
수줍은 입술
붉은 볼 빛에 담그고
바다를 지켜본다

바닷속 정어리 떼
따라다니던
철없는 돌고래
너울성 파도에 신이 나
삼각파도만 기다린다

갯바위서 지켜보던 비바리*
"그놈에게 빠지면 안 돼
 빨리 나와"
엄마 티 풀어내는 눈부심
물수제비 연이어 날린다

폭풍이 몰아치는 날이면
검푸른 바위틈에 매달려
큰 파도 깨려고
지켜보고 있다

혼내는 갯메꽃
흠뻑 젖은 조롱박만
엿보인다

* 비바리 : 처녀인 해녀. 잠수능력이 두 배는 된다. 해녀들이 참았던 숨을 길게 내뿜는 날숨이라 하여 "숨비소리"라고 한다.

너구리 태풍

먼 바당*에서
바람이 사는 집을 찾아 나선
너구리 태풍

수평선 넘어
잠 속을 헤집다가
너울성 파도에 깨어나
회오리를 몰고 간다

한라산 수목들도
허리 꺾어 넘어뜨리고
철탑도 꺾었지만
낮은 지붕과 굴뚝은
꺾지 못한다

올레길 돌담 밑에 엎드린
굴뚝 없는 초가지붕
아궁이는 천장과
온기 돌기 하며
차가운 등짝을 덥혀주고

온기를 찾아 헤매던 너구리는
한라산 백록담에 걸려
코가 깨지더니

삼백예순여덟 개 오름에 걸려
숨을 거둔다

* 바당 : '바다'의 제주 방언

이어도* 사나

험한 파도를
이고 사는
이어도가 사래 친다

가지마라 오지마라
땅도 물도 아닌 것이
술렁대며 너에게 얘기 건다

물 언덕 넘어서서
파랑도라 불리던
이어도 저기 있네! 가자꾸나
내 고향 해녀들의 합창 소리
이어도 사나~ 이어도 사나~

이승 저승 오고 간다
봉우리 네 개
너 있는 곳
이어도 사나~ 이어도 가자~

* 이어도 : 마라도 남서쪽에 잠수해 있는 암초. 제주 여인에게 이어도
　　　　는 바다에 나가 돌아오지 않는 아들이나 남편이 깃든 곳,
　　　　자신들도 결국 그들을 따라 떠나게 될 곳으로 굳게 믿는
　　　　피안의 섬이다.

2

삼도봉 아래서

삼도봉* 아래서

바람에 하늘거리는
물한계곡 숲속으로
꺼칠한 털비니 짐승이
스며든다

어지럽게 엉켜 있는 길
지웠다가 다시 살아나고
땅거미 힘을 빌려
머리 위에 흙을 뒤집어쓰고
먹거리를 찾는다

"나가라! 대대로 거시기해서
 살아 온 곳이다"

"콩밭 허수아비 먹어 치운
돼지코야! 우리 같은 겨레이니,
함께 지내자"

돌 뼈 섞인 흙을 일구고
땅속까지 뒤집어야 사는 우리들

시방 칡을 캐서
열 나무를 살리고 꽃씨를 퍼뜨린
우리의 숨결은
삼천리강산에 밑거름 된다

* 삼도봉 : 지리산 삼도봉이 있으나 여기서는 민주지산 삼도봉으로 높이는 1,181미터이다. 충청북도 영동군, 경상북도 금릉군, 전라북도 무주군의 경계에 솟은 산.

곶자왈*

신선이
은하수를 붙들고 놀던
영주산 기슭에
불로초가 있다
탐라계곡에
매달린 영지도 아니고
서불의 황칠도 아니다

용암을 머금은 섬
용천동굴 천년 호수를 올라
무너진 동굴 너머
곶자왈 원시림 불로초
바위를 뚫고 자란
억척스러운 덤불들

숨골 따라 피고 지고
썩은 자리에 다시 태어나
꺼지지 않는 허파

너는 곶자왈이다

* 곶자왈 : 곶자왈은 제주 방언으로, '곶'은 수풀, 숲을 뜻하고, '자왈'

은 돌이나 자갈들이 모인 곳인 '자왈'의 합성어다. 곶자왈은 주로 무너진 동굴위 화산 암석과 다양한 식물들이 모여 정글처럼 형성된다.

풀무*의 바람

마이산 두 젖무덤 사이로
아랫동네 화덕이 붉게 탄다
웃통을 벗고 매질하는 근육질
솔밭 사이 단지에서 쏴아
한 송이 국화꽃이 피어오르면

벌겋게 달아오른 시우쇠
모루 위에 눕혀지고
거친 호흡에 몸부림치며
끊길 듯이 이을 듯이 쏟아낸다

돌려치는 매질 따라
어허 서하디야
이어지는 두 입술소리
풀무질에 빛이 녹아내려
호미는 여신으로 태어난다

* 풀무 : 대장간에서 쇠를 달구거나 녹이기 위하여 화덕에 뜨거운 공기를 불어 넣는 기구. 주로 농사짓는 호미나 쟁기를 만든다.

흐르는 강물

철새 떠난 강가에
소금쟁이 물결파 일고
영롱한 이슬방울에는
삼라만상이
오롯이 담긴다

풀잎에서
거미줄을 흔들던
호랑나비는
자아를 버린 후
적멸을 보고

강물은 흘러 흘러
자신을 버린 후
바다가 된다

쥐불놀이*

한풀이
뒷 잔을 신령님께 드리고
마즈막재*에 쓰러지는
태양의 아스라한 자태
남산 구름 사이
달을 따다
둥근 불면을 그린다

태양을 먹고 사는
밭두렁 위에
마른풀 꾸러미를 흘려버리고
별똥별도 따다가 비벼 놓고
제철 맞은 억새를 버무려
살맛 나게 태운 후

잡초에 쌈을 싸고
텅 빈 가지를 껍데기째 태워
마지막까지 타는 사리 하나

님 그려 몸살 난 근육마저
모두 태워

태양의 부활을 꿈꾼다

* 쥐불놀이 : 정월대보름의 전날에 논둑이나 밭둑에 불을 지르고 돌아다니며 노는 놀이이다. 정월대보름에 쥐를 쫓기 위하여 논·밭둑에 불을 놓는 놀이로 쥐불놀이 또한 논두렁 태우기라고도 한다.
* 마즈막재 : 충주호 호반에 있는 마즈막재비에는 충북 북부 및 강원. 경상도 일부 지역에서 죄수를 충주 감영으로 이송, 이 고개만 넘으면 살아서 돌아가지 못했다"고 적혀 있다.

모 른 다

몰라 면장은 아는 게 없다
낮에는 토벌대가
밤에는 무장대가
개미 새끼들이 어디로
숨었냐고 총칼로 목을 찌른다

어디로 숨었는지
뭐가 뭔지 모르겠다
알고 싶구나!
그 사이
큰넓궤* 동굴로 숨는다

숨을 고르는 몰라 면장
다리를 고쳐 앉아
온몸을 푼다
숨이 턱을 차고 올라
진동한다

그래도 모른다
컴컴한 동광리 동굴들
온 사방이 모를 뿐이다
정말 모른다

고개 넘어 어진 두 눈
한 눈치에 서른 잎이 떨어지고
두 낌새에 마흔 잎이 떨어졌네!

아학, 원통해라!
달빛 푸른 소나무
메말라 죽어도
눈을 감지 못한다

* 큰넓궤 : 제주 안덕 동광마을 4.3 유적지 큰넓궤는 오름에 있는 동굴로서 동광리 주민들이 2개월 가량 집단으로 은신생활을 하던 곳이다.

먼물깍 메아리

동백동산 먼물깍* 위로
여우비가 동심원을 그린다
넋을 잃고 바라보던 토끼풀

미치게 좋아하지만
늘 딴지 걸고 마는
정말 못된 야시 가시네

쌍무지개 팔짱을 끼고
토끼풀 시계를
만들어주던 머슴아

꽃구름에게
머물게 해 달라고
부탁이나 해 볼걸

참말 이쁜 공주
높새바람 따라 가버렸네

아! 끝내 가버렸네

* 먼물깍 : 제주 조천읍 선흘리에 있는 『동백동산』 내에 있는 『먼물깍』 습지로 2011년 람사르습지에 등록되었다. 먼물깍은 마을에서 멀리 떨어진 물이라는 의미와 '먼물'과 끄트머리를 이르는 '깍' 합쳐져서 먼물깍이라 부른다.

사마귀의 유혹

갈바람에 흔들리는
꽃나비를 찾아
오봉산 여근곡*으로 날아든
갈퀴 달린 삼각 무사
앞발을 구부려 세우고
옥문지를 지켜본다

두꺼비 우물가에서 울고
남근이 여근곡 속으로
들어가면 거시기한데
처녀가 지켜 온 절벽 아래
진흙탕 싸움이 일어났다

잡히면 끝난다
덜컹거리는 입술
다르르 떨며 교통을 한다
욕정에 굶주린 옥녀에게
몸을 내주고
가슴에 남기는 이정표
젊음을 다 바쳤는가

불타던 몸
씨앗으로 남는다

* 경상북도 경주시 건천읍 신평리에 있는 여근곡(女根谷)은 누워있는 여성의 음부 모양을 하고 있으며, 선덕여왕과 관련된 전설 중 하나에서 유래하는 지명이다. 경부고속도로 서울 방향 건천휴게소에서 5㎞ 진행하다 보면 좌측에 뚜렷이 보인다.

노 루 귀*

얼음 향기에
덮여가는 겨울 산
산골바람에 부대끼며
노루귀가 열리고 있다

비탈진 언덕에
쌓인 눈을 젖히고
봄을 녹이는 숨결

높새바람에 떨어졌던
마른 시신들 위에
하얀 솜털 덮어주며
피눈물을 피운다

다시 보자 미안쿠나
앞만 보는 사람은
미쳐 볼 수 없구나
노루귀가 보내는 슬픈 미소를

자세히 들여다 보아라
검은 흙 위에 피어난
4.3을 기억하는 꽃
그 향기가 보이지 않느냐

* 노루귀 : 언 산이 녹으면 사진 동호인들은 노루귀의 솜털을 찍어내기 위해 계곡으로 달려든다. 노루귀는 노루와 사냥꾼과의 전설이 있으며 꽃말은 믿음과 신뢰이다.

용 궐 산*

버려진 채 빛나는
벼랑 끝 보물들
소나무에 악보를 다니
학이 춤을 추고

하늬바람이 천하를 털어
상처 난 바위를 어루만지고
등 굽은 소나무 쓰다듬어 주는 곳

구름 너머 피어오르는 잔도길
대지를 달고 달리고
섬진강이 따라 달린다

끝이 없는 하늘길
신발이 바람 타고 달리고
피아노 길 구름 위를 걷는다

갈바람이 주머니를 털어
상처받은 나를 위로하고

끝이 없는 섬진강이
용서하고 베풀며
내 곁에 머문다

* 용궐산 : 순창군에 있는 용궐산은 산릉이 마치 용이 움틀 거리는 준
  엄한 모양을 하고 있다. 앞에는 섬진강이 흐른다.

무척산* 막차

수로왕의 안식을 지켜 낸
무척산 천지 못이
얼음으로 닫혔다

아유타국 친정을 그리며
일어선 모은암
허황후 눈물샘인 천지 폭포

우리들 눈 밖에
또 한세상이 있음을 느끼며
생철리 버스정류장을 향해
달렸다

저만치 오고 있을 막차
차를 놓치면 난감하기에
뒤도 없이 달렸다

도착한 정류장에 코끝은 얼고
목이 긴 눈동자
막차를 기다린다

눈물도 얼어붙는
칼바람 속에 막차를 타면
이승으로 가는지
무척산 천지도 잊어버린다

* 무척산 : 무척산은 김해시 생림면 생철리에 위치하고 있으며 정상의 높이는 해발 700.1m이다. 산세는 기묘한 바위들이 서로 어우러져 있다. 산의 높이에 비해 계곡이 깊고, 산세가 험하다. 산정에는 천지못과 천지폭포와 모은암이 있다.

솔깔비*

초겨울 바람에
옥녀봉 솔향이 넘친다

꽃 피어도 관심 없고
새가 울어도 대답 없던 솔깔비
바람의 언덕에 침대를 깐다

갈구리로 긁어 장만하면
불심 좋은 한 주먹 불쏘시개
정겨운 향기가 추위를 대신한다

아침 햇살처럼
따뜻하게 온돌방을 데워주고
소박하지만
할머니의 잔정을
챙겨주던 솔깔비 향

힘겨운 날이면
할머니의 솔깔비 향을 맡는다

* 솔깔비 : '솔가리' 솔잎의 경남 방언

탐라계곡*

왕관능 마스크를 버리고
서늘한 계곡으로 가자

맑은 바람이 숨어 사는 곳
골 바람도 쉬고 가는
탐라 계곡이면 좋겠다

삼각봉이 길을 막고
비바람이 불어도
산인과 함께하는
들꽃처럼

그리운 이 생각나
능선에 머물고 싶더라도
왕관능을 벗어나서

고운 물결이 숨어 사는 곳
바람의 계곡에서
잠시만 쉬었다 가자

* 탐라계곡 : 한라산 관음사 코스로 올라가면 탐라계곡을 거쳐 왕관능 방향으로 올라간다

외로운 관음송

청룡포에 드러누운
바위산
물결을 흔들더니
절벽에 선 소사나무와 떡갈나무가
파르르 떨고 있다

길 잃은 새 한 마리
바람의 길을 물어도
마음 귀를 돌려
사래질하는 소나무

삿갓에 떨어지는 낙숫물
구름도 바람이 없이
흐르지 않는데

떠날 수 없는 관음송*

하늘은 귀가 먹어
하소연을 듣지 못하고
육육봉 바람살에

심장이 쥐어뜯기며
뼈가 으스러진다

찾지 말라는 아픈 상처
떠가는 구름 사냥 나선다

* 관음송 : 단종의 유배지인 영월의 청령포 안에서 자라고 있으며
　　　　수령 600년의 천연기념물 제349호이다.

다랑쉬 오름*

잎새 마른 화산재 위에
마른 풀
뿌리내려 보지도 못한 채
들판을 헤매다가
동굴 안에 숨어있는 백골

불모의 땅 위로 흐르는
살을 에는 우도의 살바람에도
빌레 더미 위로 말라버린
검은 흙은 비밀을 지키고 있었다

새와 덤불이
다랑쉬 오름을 차지하고
사방을 지배한 바람이
무리 지어 움트는 해일

파란 하늘 이불로 삼고
오름을 요람으로 삼은
햇빛 가든

하늘이 열리고
항아리 가득한 녹색 웃음이
흘러나온다

* 다랑쉬 오름 : 제주시 구좌읍 세화리에 위치한 산의 이름으로 제주
　　　　　　오름의 여왕이라고 한다.

관탈도*의 낚시

저녁놀 나들이 온
제주 관탈도
유배길 살바람 타고
사리 물때 물돌이 한다

태어나 누구나 한 번쯤은
탐내 볼 돗돔
검푸른 바다 용왕님이
한눈판 사이
장어 한 마리 미끼하여
깊은 바다를 움직여 본다

좋은 물목 차지하고
곧은 낚시 한 시절
흰 파도에 멍석말이 휩쓸려간다

분이 덜 풀렸는지
이빨을 드러내는 파도
마른 입술 돌기둥
빈 그릇 씹으며 넋두리한다

내일은 한치라도 잡으리라
배고픈 방랑자
황금물고기를 물고 있는
돌하루방을 쳐다본다

* 관탈도 : 제주도와 추자도 사이에 있는 관탈도 제주도로 유배 온 수
많은 관리들이 이 섬을 지나가면서 머리에 썼던 관을 벗고
임금님에게 절을 했다고 해서 관탈도라고 불렸다고 한다.

3

참선의 향기

참선의 향기

넘실대는 파도를 넘어
기억의 노를 저어
영실계곡으로 접어든다

청초한 하얀 귤꽃이
은하수처럼 피어나는 곳
왜소하게 지어진 존자암*

해파랑 노을 파도
알알이 부서지고
세상을 멈춘 고요만이 남는 곳

하얗게 부서지는 환상 속에
부르르 떨고 있는 돌하르방
허공마저 부서진 적막 속에
우주의 심령이 미소 짓는다

* 존자암 : 한반도의 불교문화가 제주도에서 시작됐을 가능성이 높다.
  『고려대장경』 제30권 '법주기'에 실려 있다.

쇠죽가마*

비바람 불어 피어난 눈물
동녘 빛을 들고 문전에 서 있다

표주박 터는 소리
화들짝 놀란 허수아비
걷어찬 찬바람에
한 설움 소걸음 된다

'새벽에 눈치도 없이'
'갈까마귀 애끓는 소리 마라
 내게 복 주러 온 사람이다'

쇠죽 끓이는 아궁이 앞으로
모셔 한 상 차린다

벌겋게 달아오른 숯
고구마를 파서 품에 넣어준다
소 죽을 쓰느 할머니 얼굴에
함박꽃이 활짝 핀다

* 쇠죽가마 : 쇠죽을 끓이는 데에 쓰이는 아주 크고 우묵한 솥.

꽃 문

숲속에 담긴 돈내코 계곡
멧돼지가 왕 바 우를 캐다 말고
비명을 지른다

빌 레길 위에 길이 있어도
큰길에는 문이 없고
숲에 가린 남국선원 무문관*은
열쇠로 잠겨 있다

바람은 산천과 몸을 섞어
낙엽을 남기고
볼모로 잡힌 너럭바위는
닻에 걸려 움직일 줄 모른다

문 없는 문을 열라는데
얼마나 파헤쳐야 향기가 날까
동백꽃 향기 흘리면 꽃 문 열릴까
소리 없는 싸움터엔 소쩍새 울고
해탈을 향한 수도승의
텅 빈 침묵이 이어진다

바위는 움직이지 않고
제자리에 있는데
면벽을 보고 기도한
달마의 문은 언제 열릴까…

* 남국선원 : 서귀포시 돈내코로(상효동)에 있는 남국선원은 무문관과 제방선원이 있다.

이 뭐 꼬

어느 순간
생각 한 방울 떨어져
천지를 뒤흔들고

어느 시점
어디에서도...
알 수 없는
묘한 고요
온 우주를 뒤덮는다

하루에도 수만 번씩
흔들다 사라지고
한순간 떠오르면
다시 아득히 멀어져 가는

애당초 없는......
애당초 없던 자리에서
꽃을 피우고
禪을 피운다

오직 지금
이뭤꼬......

불꽃나무

저무는 석양을 보며
넉넉한 터에 모여 앉은
身.口.意 모닥들이 덕담을 한다

번개는
백열등을 피하지 못하는
나방처럼 살지 말라 하고

덕대는
입을 떠벌려 걸려든
명태처럼 살지 말라 하며

삭풍은
투망에 걸려든
번뇌처럼 살지 말라고 주장하다가

말 때문에
고통받는 이들이 많다며
의견을 모은다

말. 말. 말.
불꽃을 다 태운 후에야
밤하늘의 별처럼
빛나고 있다

마애삼존불*

풀 바람이 춤추던 사이
얼마나 힘들었을까
참수리 행세하던 갈까마귀
바위틈에 숨어
석가의 꽃은 어찌 사는가
해맑은 마애삼존불을
쳐다본다

마주 보아도 싱글
옆에서 보아도 방글
태어나기 전
맑은 빛으로
언제나 한결같이
사랑하고

산에 가려진 두려움도
바위벽에 숨어있는 괴로움도
티끌 하나 없이 지워준다

* 서산 마애 삼존불 : 충청남도 서산시 운산면 가야산 계곡을 따라 들어가면 층암절벽에 거대한 마애삼존불입상이 조각되어 있다. 백제의 미소라고도 한다.

낮 달

매운바람
귀밑머리에 메달일 때
느지막이 파장 떨이 나온
순이 아즈매
눈물점 지우려고
다리 밑으로 몸을 숙인다

머리꼭지 나풀대는 물가 그림자
한 번 웃음으로
천년 가는 수막새를 흉내 내는 낮달*

묵은 기와 쪽이 깨져도
얼음 바다를 녹이는 따스한 미소
천년 가는 미소의 파문을
물꽃 위에 그리더니

심장이 고장 나
구름 넘나드는 허공에서
어처구니를 고치고 있다

* 낮달 : 낮에도 달이 보이는 이유는 하늘이 파랗게 보이는 산란된 빛
보다 달빛이 더 밝아서 낮에도 보이는 것이다. 해와 달이 동
시에 보일 수도 있다.

천년의 줄탁

구도자의 길을 따라
쉼표 없이 지나간다

농염한 모란꽃
두견새 울음 안고
설익은 해가
서산에 머뭇거릴 적

기다란 미로 위
돌에 새겨 둔
새 한 마리
날아가지 말라며
잘못 든 길을 돌아
내게로 온다

기억은 어두워지고
지나온 발자국엔
성긴 가지를 꺾어
새 발자국을 남기고

길 위에 길을 만들지만
후들거리는 다리에 잡혀
돌 위에 주저앉는다
갈증을 딛고 떠오르는 태양
미로를 탈출할 수 있는
천년의 줄탁*

숲속에 숨겨진 새가
하늘이 열리는
아침을 알아차린다

* 줄탁 : 병아리가 알에서 나오기 위해서는 새끼와 어미 새가 안팎으로 동시에 쪼아야 한다.

보리수 그늘 아래서

갠지스강*
모래 언덕에
짙은 안개가
내려앉아

걸어온 발자국도
지우고
타고 갈 배마저
지운 후
신비한 세상을 연다

가부좌를 틀고
앉아있는 수도승
불타는 화장터를 보면서
버리고 갈 육체를 위해
기도를 올리고

삶과 죽음의 경계선
보리수 그늘 아래
명상을 깨우는 새소리

그윽한 짜이 한잔에
삶의 새로움을
오롯이 느낀다

* 갠지스강 : 인도 북부를 흐르는 큰 강이다. 전체 길이는 2506km이다. 히말라야 산맥의 강고토리 빙하에서 발원하여 인도 북부를 동쪽으로 흐르다가 비하르 주 동쪽 경계에서 남동으로 방향을 바꾸어 벵골만에 흘러든다.

참 매 미

벚나무 한 자락에
참매미 한 쌍이
노래를 한다

칠 년 동안 살아온
토굴에서
무소유를 딱은 후
날개를 펴면

이에
청량한 바람이
합창을 하고

대우주가 진동을 한다
'모두들 고마워'
'우리 모두 너를 사랑해'

바보주막

봉화산 둘레길 걸으며
산인에게 약속을 한다
구름에 잠든 주막

천년구름 타고 다닌
계곡물 소리 마셔보았나
물수제비 동동거린
약수물 말이다

눈바람 몰아쳐도
노랗게 웃어 주던 친구
마지막 순간까지
한마디까지 한마디 못 하고
바보주막에 흘리던 눈물

봉화막걸리

살기 위한 푸른 전설에
가슴에 얼어붙은
서릿발을 잘 녹여준다

성지순례단

어두운 밤을 지나
성지 순례의
선두가 움직인다

시들지 않는 부처님 꽃을
피우기 위하여
한 걸음 두 걸음

인고의 길 끝자락에 피어나는
성지를 찾아
새벽 별빛에 향을 피워
어둠을 사르고

새벽 향기에 인고를
태우면서

시들지 않는 부처님 꽃을
피우기 위하여
피안의 언덕을 넘어

저 높은 곳을 향하여

해파랑길

이랬다저랬다
변덕쟁이 오륙도
세찬 비바람에 흔들릴 때

하늘색 물결 따라
갈매기 떼 나르고

검푸른 바닷물 속
자리돔이 헤집는다

갈 집도 없고
머무를 수 없는 인연들
오륙도 거북 등에
해파랑길을 새긴다

강물의 속삭임

강물은 천진난만
시린 산을 품고
노래를 한다

실수는 즐겁단다
얼음골 계곡
발을 헛디뎌
피라미와 포옹을 하면

실수는 즐겁단다
야물게 잡은 갈참나무
도토리를 놓치자
다람쥐가 넙죽 절하고

처음엔 몰랐다
오디가 떨어진 것은
바람이 던져주는 선물
입술을 까맣게 물들인다

익지 않은 먹감이
머리를 때리고 떨어진다
너는 왜 자주
내 머리를 때리냐고 묻는다

아이들 눈에서는
물에 빠진 음표를 찾으라고
풀피리 연주한다

바다로 가는 길

풀잎 위 은빛 달
물결나비 길
와류를 만나
나를 잊는다

물살 위
거미줄 흔들던
나비는
빛도 없고 어둠도 없는
바람이 되고

적적한 밤
맑은 물 한 방울
하나로 흘러
가슴 깊이 적시는
논개*의 미소

물안개 번지는
선한 꽃술
강물은 자신을 버리고
바다가 된다

* 논개 : 진주성을 함락한 왜군은 촉석루에서 축하연을 열었다. 논개는 승리감에 도취해 있던 일본군 장수 게야무라를 끌어안고 강물로 뛰어들어 익사시켰다.

귤나무 꽃

순수하고 청초한 하얀 귤꽃이
한라의 벌판에서
축제를 연다

달빛 타고 흐르던
은은한 향기
오랜 세월을 보내던
귤향이
하얀 면사포를 쓰고
모습을 드러냈다

꽃잎이 떨어져야 비로소
열매를 맺게 되는 귤꽃은
그냥 감사하게
그냥 겸허하게
떨어질 뿐이다.

이 세상에서
가장 마음씨 예쁜 귤꽃
우리는 꽃도 보고 열매도 먹으면서
사랑을 나눈다

4

풍등을 띄우다

풍등을 띄우다

할머니 유산은 계산할 수 없어라
젖먹이 데려다가 기른 은혜
어려운 눈물 씻겨주고
긴 세월 바른길 닦으셨네

입영 전날 "지지 말거라"
어렵게 구한 고기를 양껏 놓은 찌게
"너를 군에 보내면 다시는 못 볼 것 같다"
팔순 할머니 눈에는
흘리지 않는 눈물 자국이 남는다.

"걱정하지 마세요. 곧 돌아와요."
뻔한 거짓말
"사랑합니다. 고마워요 할머니"
말 한마디 못 하고 떠났는데

누구 하나 없을 때 어떻게 지냈을까
남몰래 흘리는 눈물

풍등에 편지를 쓴다.
"사랑해요, 할머니"
"고마워요, 할머니"

땅거미 산책

거미집 문밖을 보니
돌담길 언저리
바람과 풀이
맨살 드러내며
두근두근 밤
사랑 서리를
즐기고 있다

어둑해진 산마루
푸른 잎이 숨을 멈추고
해 넘어가는 얼뜬 미소를
깨뜨리는 신음소리
발끝에 달라붙는 치근덕에
가슴으로 밀려오는
목마른 파도

땅거미 지는 틈새
속곳마저 풀어버린
거미줄 사랑은
징그러운 고요를
손톱으로 긁어내고 있다

사랑의 나침판

내가 한 때 별 이었을 때부터
붉은피톨은 어둠 속을 달렸다
먼 옛날 해녀의 몸을 빌려
별 하나 찾아왔다

뼈와 살을 나누어 몸을 빗어
눈을 반짝이게 해 주시고
입술에 물고 왔던 젖무덤이
내 귀를 터 주었다

몸에 심어 준 온정의 나침판
버려진 땅에도 꽃을 피우고
상처가 난 새벽에 향기를 전한다

우주 사냥꾼의 끝없는 여행은
흔들리지 않는 나침판이 있어
어둠 속에서도
길을 잃지 않기 때문이다

인생은

인생은 골 때린다
골은 비었고 머리는 돌고

사는 것도 골 때리고
죽는 것도 골 때리고
사는 동안
늘 뒤통수를 얻어 맞는다

고통의 그림자는
죽는 날 까지 따라 다니면서
자나 깨나 괴롭힌다

인생은 골 때린다
행복과 불행이 만나면서
후회 없이 사는 사람은 없다
행복이 전부라고 말하지 말자

그래 . . .

골 때려도 즐겁게 살자
마장을 즐기며 살자

청개구리

가마솥 더위가 익어갈 무렵
우주 벌판을 주름잡던
땡벌의 위세에 밀려
냇가로 피했다.

뭔가 있다
살금살금 다가갔다
담 기슭을 넘어

으흠 악!
연분홍 입술
돌 숲 위로 드러낸 봉우리

으하
숲이 돈다 우주가 돈다
풍란을 닮은 언덕이 나타나
출렁인다

으흠 또 그 소리
으흠 악!
금모래 정원 위에
탁 터지는 봉선화

나는 우물 밖
청개구리...

텃밭을 가꾸다

비 온 후 텃밭이 날아간다
잡초는 성급히 구름에 닿고
쪼그려 앉아 성긴 잡초를
잡아당기면
뽑히지 않는 줄다리기
재미있다

내가 아끼는 친구들은
열심히 자라 싹을 올린다
지난주 뿌린 상추와 쑥갓이
이번 비로 크게 자랐다
상추를 싸면 맛이 그만인데

통새에서 튀어나온 똥돼지
아래편 텃밭을
단숨에 파헤쳤다

꿈이 성급히 달아난다
설산에 해가 진다

찌낚시

연못가에 밝은 빛
숲에 반사된 부들 부부가
수면 위 찌들을 지켜 본다

땅거미 발걸음 소리
흙도 먹는다는데
맛있는 찌개도 나눠 먹자
초롱불 이야기에
달짝지근 익어가는 매운탕

한 지붕
한 줄기 아래
금실 좋은 원앙 부부
모든 것이 변해도
우리 부들은 변하지 않아

수초 위를 맴돌던 반딧불
사천 하늘에 별빛으로 남아
부들 부부를 비춰준다

들불

앞으로 나아갈 수 없어
높이 산을 오르는가
내원사 골짜기 칡넝쿨이
곰솔을 타고
하늘을 더듬어 오른다

유리알 물결 따라
몸을 맡긴 피라미도
가을 길로 돌아서는 길인데

천만 근 눈꺼풀이
휴게소를 지나고 나서야
후회한다
이것으로 끝나는가
죽음이 소리가 달라붙는다

탐라의 목장과 무덤들 사이
향을 살라 친구를 위로하고
시간이 흘러간 자리
불 잡아라!

잔디에 스며든 향불이
아지랑이 타고 들판을 태운다

물걸레의 후예

윤산에 둘러싸인 쪽마루 위에
공기바퀴놀이가 걸터앉아
흙모래로 얼룩을 만든다

손바닥 걸레로 치우고 떠난 자리
할머니가 쓸어낸 후
자랑스레 물걸레로 닦는다

곁에 혼자 서 있던
로봇청소기가
두 살배기 손자를 태우고
네비 없이 여행을 한다

형이 뺏어 탓지만
뒤로 넘어지면서
울음을 터뜨리고

작은 손자를 태운 로봇 청소기는
거실에서 할머니의 웃음과
빼앗긴 울음을 먹으며
어린 고사리를 키운다

꿀벌의 선물

빌레더미 위에
뿌리 내린 찔레꽃
촉촉한 눈물 속에
꽃술이 열린다

짙고 신선한 향기
마음을 흔들고 간 바람
로열젤리 꿀벌이
수소문 끝에 찾아와
머리맡에 앉는다

따끔한 맛
말초신경세포까지
내려가 사혈을 풀어주는
꿀벌의 선물
아찔한 사랑을 만나고부터
사는 것이 즐거워졌다.

따끔한 맛
한번 맞으면 몸이 살 녹는다
슬픔마저 달래주는
시원한 선물
참으로 사랑할 줄 안다면
향기 진한 꽃술이 되자

차밭골 아파트

금정산 둘레길
쉬고 가는
차밭골* 너른 터에
꽃씨를 심지 않아도
하늘을 찌르는
올 곧은 나무들이 자란다

오래된 미래에 꿈을 심어
어두운 밤에도
빛을 잃지 않고
산 위에 달 키우고
솔 사이 맑은 바람
보듬어

찬바람에도
사라지지 않을
농익은 꿈

보이지 않는 세계에
숨겨 놓은 보석들

편안하고 아름다운
미래의 꿈을 찾아
희망의 닻을 올려
출항한다

* 차밭골 : 동래구 온천동 차밭골

보릿고개

어린 잎들이
배고파 우는 들녘
젖이 모자라 우는 아이
울다 지친 아이

메마른 들판을
헤매며 울부짖는
영혼들

보리이삭 감자서리
불에 그슬려
입술 까맣게 태우던 시절

한 맺힌 가난을
잊으려고

삶을 향해
하얗게 쏟아내는
쌀밥꽃이 피고 있다

아기상어 대소동

바람은
꽃에 머물지 않고
바닥에 뒤집어 눕는다

꿈을 이루리라
끝내 지면 안 돼

어쩌다 눈이 꽂힌
아기상어 인형

바램이 스며든
거울 속에
눈 큰 소 눈물이 흐른다

바람이 비켜 갈까
놓칠 수 없는 줄다리기
버팅기는 다리가
힘이 세다

솜 주먹 세계

햇빛 좋은 날
지하철 여행을 나섰다
요 세상을 한눈에 담고

하늘 원고지에
엄격하고
진지하고
따스한 미소로
사랑을 그린다

누구에게나 보이지 않는 보석
일상생활 속에
예사로 보면 보이지 않는다

사람들은 쭉쭉이만 보고
꽃은 보지 않는다

예사로 보면 보이지 않는
솜 주먹 세계

눈을 맞추면
엄청 잘 웃어준다

눈물 세상에
눈물 꽃이 피고 진다

별이 떨어진다

흔들리는 밤
처마 토굴에서
참새를 잡으려던
까치살무사
물컹한 별이 떨어진다
머리 위에 떨어진다

소름 돋는 차가운 접촉
이승과 저승이 교차되는
비명소리

어둠이 온다고
이승의 끝은 아니다

밤을 태우는 별꽃들이
향기를 품기 위해
가시를 키운다.

딱 한 잔

하늘이 내려 준 선물
꽁꽁 얽힌 매듭은 풀고
쓴 맛은 나누면서
찰지게 살라고 한다

괴로워서 한잔하고
즐거워서 한잔하고
겹겹이 쌓인 피로
줄줄이 잘 녹인다

살다보면
알 수 없는
고통에 시달린다

뭉게구름 타고
천년을 돌아다닌
계곡물 소리를 마시자
물수제비 동동거린
약수를 마시보자

아무리 슬픈 추억이라도
누룩이 빚은 곡주는
찰진 마음을 더할 것이다

5

겨울 숲

겨울 숲

눈꽃 핀 벚나무 아래
솜눈 덮인 거적때기
가치가 모여들어
영감을 깨운다

리어카 속에서
날개를 펴는
깡마른 눈동자
무심코
던져지는 가치 먹이

어둠을 헤치고
찬 벽을 부수며
가치 밥은 어떻게 구했는지
가치들도 찾아 나선다

겨울 숲은
동네 어귀 돌 정승 되어
어름땡 놀이에 굳어 있다

어둠의 그늘

밤마다 즐거움을 찾는
불나방 사이로
달콤한 향기를
뿌리는 그림자

땅거미가 쳐놓은
달빛 그물
발버둥 칠수록
어둠 속으로 끌려간다.

순간의 실수가 남긴 상처
열 손가락이 비웃는
버림받은 골동품

얼마나 울어야
마음의 상처를 지울까
얼마나 지워야
달빛 상처를 지울까

별 단 풍

엄마 달이 가꾸던
하늘밭에서
별단풍이 우수수 떨어진다

고목에 갇힌 술레
'멀리 가지 마'
친구들에게 매달린다

벌레 먹은 단풍
구멍 난 가슴에
멀리 가지 마
오직 한마디

눈빛도 손길도
멀리 가고 없는데
친구들마저 떠나고
저 하늘엔 슬픔만 남는다

멀리 가지 마
속절없는 달 절구

'그래도 기죽으면 안 돼'

길맞이 능소화

여름
낮 더위를 이겨내며
돌담에
화사하게 핀 능소화는

맑은 물, 탁한 비
모두
생명의 줄기이고

악한 사람 착한 사람
모두
고운님이라 반기며

화사하게 차려입고
길 마중한다

갇히지 않는 새

갈 바람이
앞마당에 금빛 씨를 뿌린다
삼태기를 받친 작대기가
무엇일까 엿보는 참새
덜컹 움막이 덮친다

간과 쓸개 다 던지버리고
덫에서 몸만 빠져나와
하늘로 솟구친다

꿈도 버리고
둥지도 버리고
파란 눈물이 바다를 채운다

너무 슬퍼하지 말아
보금자리만 집착하지 말아

살다 보면
그런 일도 있지
괴로운 일도 순식간에 지나간다

너는
흠잡을 데 없는
참 멋진 가수야
무한한 하늘을 맘껏 날아라

지하철 역에서

가냘픈 산수유꽃
겨울바람을 속에서
잎도 없이
수줍게 피었네
꽃향기에 실려 오는 눈빛
열차에 얹혀온다

네가 타서 좋고
봄이 와서 좋다

끝없이 투정하는
언어 사냥꾼
눈빛 그늘도 내려놓고
속이 터질 때까지
폰을 어루만지며
질문 속에 묶여 간다

삶이 굴러간다
핏줄은 놓아주고
꽃바람 따라
함께 길을 떠난다

책에 빠지면

거미줄처럼
얼기설기 얽혀있는
칡넝쿨 풀듯이
책을 훑어본다

책에 빠져
남이 불러도 모르고

밑둥체 뽑아버린 맷돼지처럼
향기밖에 모르는 칡뿌리처럼
흙 밑에 숨겨진 세상을
보고 싶어 책장을 넘기면

산소리 물소리 사라지고
바위샘을 뚫은 샘물에 취하듯
보물을 열고 또 보고
여백에 글씨를 남기면서
이생에 다시 없을
행복을 느낀다

다랑이 밭

안데스의 구름 속에
흔들리는 꽃 잉카의 깐뚜
이끼 맞물린 벽돌을 다듬고
파란 하늘이 햇살을 들고
쿠스코 알마스 광장을 비춘다

와이나픽추를 오르고
마추픽추* 숲길 계단을 오르자
굵은 빗방울이 떨어진다
우비가 돌 짐 되어 후들거린다
코카잎을 씹으면서 오르는 돌계단
머리도 아프고 헛구역질 난다

피로감이 몰려 감기는 눈
순식간에 안개가 걷히고
웅장한 마추픽추와
다랑이 밭들이 보인다
뭉클하니 부둥켜안고 소리를 지른다

백열등이 보인다

* 마추픽추 : 페루에 있는 잉카 문명의 고대 요새 도시이다 15세기에 남아메리카를 지배했던 잉카 제국에 의해 지어진 것으로 추정된다. 해수면에서 2,430m나 되는 산맥의 정상 위에 위치해 있다.

시간여행

하늘공원 오색단풍이
소나타를 연주한다

헛디딘 고목은
훔친 시간을 타고
새로 태어나고

파란 하늘 끝
쏟아지는 단풍
바람 타고
날아오르는 춤사위
미치도록 소리 지르는 소녀

파란 하늘 위에
다시 쓰고픈 조각
새롭게 쓰려는데
화면이 나간다

시간 속에
다시 이는 잔물결...

색안경 속에

부산 광안리 해변
힙라인에
걸쳐진 바지
하늘로 오르는 각선미
추위를 벗어 던지고
안경 너머로 걸어간다

위장한 색안경 속에
아슬한 율동
음흉 하나 살고 있다

동궁이 넘치는 바람에
파문지는 미소
허점을 찾아 올무를 건다

안경을 닦아 길을 밝혀라
몰려오는 덫을 넘고

칠흑을 걷어내야
밤 지난 호수에 아침이 빛난다

첨성대* 사연

암흑나라 군상들이
얽힌 타래를 풀지 못하고
먼 불빛만 멍하니 쳐다본다

반딧불 아래 어리는
피조개들의 수군거림
색공의 신은
랑자와의 정사로
해괴! 뭐니를 잡고
고대하는 월식의 기적

구미호의 향연
덤불 속에 갇힌 월색
쓸쓸한 아름다움에
가슴이 미어지고

월식의 황당한 꿈은
달의 여신 앞에
소소하게 무너진다

* 첨성대 : 국보 세31호. 성상북도 경주시 인왕동에 있다. 현재까지 남아 있는 천문대 중 세계에서 가장 오래되었다. 첨성대 전체의 석재는 화강암으로 총석재 수는 365개이다.

마술 연필

군고구마 하나 주고
몽땅 연필을 얻었다

유엔군이 보육원에
주고 간 연필
우리 반에
난리가 났다

구구단도 써보고
그림도 그려 본다
동전 위에 백지를 대고
돈을 만든다
달이 뜬다

뭐든지 다 만들 수 있다
틀리면 고쳐 쓰고
고치지 못할 그림은 없다
꿈을 꾼 대로 그리고
실수를 지워주는 마술사

팔자 주름 친구가
파란 배낭에
꿈을 가득 담아
바다 건너 꿈에게 보낸다

세월을 먹다

산과 들이 섞인
된장국에는
찬밥 더운밥 가리지 않고

강과 땅이 어우러진
김장 손등에는
환한 바람이 미소 짓는다

애쓰지 않아도
참깨들
자라는 모습들과
해맑은 열매들

다듬지 않아도
오가는 덕담 속에
사랑이 추임새를 추면

벽을 넘어선
호인과 각설이
널브러진 청둥호박에
깊은 절을 하고 간다.

해 먹

멀위를
물고 있는
파아란 하늘을
당겨

나무가지에
거미줄
꿈을 그린다

보임과 들림이
멈춘 자리에
나를 잊은

낮은 음자리표

풍차의 마음

찬서리 거센바람
마다 않고

고운 물
탁한 물
가림 없이

맑은 젖줄로만 흘러

지구
넘어서까지

널리 이로운
훈풍이 분다

해설

한 땀 한 땀 시어로 채색되는 대동여지도
- 전성준 시집 『올레길 놀멍쉬멍』론 -

박 종 래
(시인 문학평론가)

전성준 시인이 첫 시집 『올레길 놀멍쉬멍』을 상재한다.
5부분으로 나뉜 총 80편의 시다. 어느 것 하나 가볍게 여기기 어려운 무게와 저력底力을 만날 수 있다.

이미 수필로 등단해 문학적 소양과 업적을 쌓아 논 것을 바탕으로 한 시상은 충분한 숙련으로 빚어내고 있다. 그러한 그의 심상心想에서 발아發芽된 문학적 저력이 곳곳에서 용출涌出되고 있음이 입증된다.

그의 생을 통틀어 오감五感으로 경험되어진다. 소중한 인연들과의 조우遭遇는 태생적 시인의 자질을 갖춘 시에 용해溶解된 흔적을 이룬다.

전성준의 시집 『올레길 놀멍쉬멍』을 만나보자. 첫 느낌은 흡사 세밀細密하게 투영投影된 한 편의 지도를 연상시켰다.

　그것은 자연 생태적인 지도가 아니라 시인의 심상에서 아름답게 채색彩色되는 재해석을 통한다. 그가 경험한 곳곳의 아름다움과 고향 집 같은 친숙함, 통한의 아픈 역사가 조명照明되기도 하는 파노라마 같은 서정抒情이 그려지는 것이다.

　마치 「고산자 김정호」가 연상된다. 평생을 바쳐 이 나라 구석구석을 수십 차례씩 자신의 발로 밟으며 확인하고, 필생畢生의 업적으로 남긴 『대동여지도』와 흡사하다. 시인 자신의 삶을 통한 경험과 천부적天賦的 기획력과 통찰洞察, 시적 역량의 결과물로 빚은 흔적이 흡사하다.

　그 속에는 보드라운 입김같이 감미로운 언어로 우리를 감싸 안는다. 때로는 거친 폭풍우 같다. 통분痛忿의 절규를 극도의 절제된 시어로 은유와 숨김의 미학을 통해 잊히고 지워지는 것들의 경각심을 일깨운다. 아둔兒鈍한 눈이 미처 발견하지 못한 것들을 일러준다.

　그의 프로필에서 읽을 수 있듯이 적잖은 경력과 이력은 곳곳에 그가 경험하고, 전해들은 고향 제주의 토속적 산물이다. 어머니 품 안과 같은 친근함과 전설, 역사에 천착穿鑿하며 그것들의 아름다운 숨소리를 들려준다. 때로는 치유되지 못한 상처들을 조명하며 시인의 심상의 올레길로 독자들을 이끈다. 서두르지 않고 도란도란 들려주는 속삭임을 보라. 가끔은 아픈 상흔의 눈물을 같이 아파하기를 소원하고 있음을 엿본다.

 그뿐만 아니라 마치 김정호가 『대동여지도』를 만들기 위해 이 나라 강산을 헤아릴 수 없도록 동서남북을 종횡으로 발이 부르트도록 걷고 또 걷는다. 끝내 한 장의 지도를 만든 대업을 이룬다. 그처럼 전성준 시인이 70평생을 오롯이 담은 서사敍事와 같은 『올레길 놀멍쉬멍』의 시편들이 그와 같다.
 이제 시인이 이끄는 시의 올레길로 놀멍 쉬멍 출발하며 시인의 마음을 읽고 느끼는 공감共感의 세계로 들어가 공감대 형성으로 겸손한 발걸음을 딛는다.

> 휘파람 불던
> 높새바람이
> 바닷바람에 쫓겨
> 올레길 돌 틈 사이로 숨는다
> 눈꽃을 털어버린
> 겨울나무도
> 돌하르방 헛기침에 놀라
> 눈곱을 떼고

올레길은 놀명쉬멍*
할망*이 기다리던 길
바람 비켜 보내고 다가와
차디찬 손 잡아주며

어깨를 낮추어
정낭* 두 개 걸까 망설이다
행여나 님 오시는데
길을 잃을까 봐
정주석에
따스한 봄 맘 하나 보태고
임 마중 간다

* 정낭 : 대문이 없는 제주에는 정주석에 정낭을 걸어 정낭이 하나면 잠시 외출, 둘이면 멀리 외출, 셋이면 객지 외출로 소통한다.
* 놀명쉬멍 : 놀면서 쉬면서의 제주 방언
* 할망 : 할머니의 방언

- 「올레길 놀멍쉬멍」 전문

 전성준 시인이 첫 시집을 상재하고자 보낸 원고는 마치 출판사 편집 담당자가 자신의 책을 엮듯이 5부로 치밀하게 나누어져 있고, 모든 부마다 독특하게 부제시가 있었다.
 특히 향토 출신이 아니면 알기 어려운 제주 방언을 사용할 때마다 주석을 덧붙임으로 시집의 제목처럼 '놀명쉬멍' 제주 토속 언어의 정겨움을 천천히 음미吟味하시라는 시인의 따뜻한 친절을 엿볼 수 있다.
 그리고 「올레길 놀멍 쉬멍」은 시집 전체의 표제시標題詩이기도 하다.
 친숙한 제주 방언이 마치 초대장같이 자신의 시의 세계를 세상에 선보이며 청하는 시인의 마음이기도 하다.

 겨울 바다를 시퍼렇게 난도질하던 영등할망의 서슬이 부드러워지면 서귀포에서 한라산을 넘으며 휘파람 불던 높새바람이 자취를 감추고 뒤이어 봄이 기지개를 켠다.
 높새바람은 흔히들 강원도 영동 쪽에서 태백산맥을 넘어 영서 쪽으로 불어오는 차디찬 겨울바람으로 동풍으로만 알고 있으나, 제주에서는 남쪽인 서귀포에서 제주시 쪽으로 한라산을 넘어 불어오는 매서운 남풍을 이르기도 한다.
 시인의 눈은 올레길 돌담에 숨는 높새바람도, 돌하르방의 기침 소리에 놀란 겨울나무도 봄이면 찾아올 반가운 임을 맞을 준비로 부산해짐을 놓치지 않고 생명력을 부여한다.
 오실 그 임을 기다리는 반가움은 제주의 바람, 나무, 돌하르방, 어느 것 하나 덜함이 없다. 차디찬 손으로 정주석에, 정낭 하나를 보태는 할망의 봄 맘임을 화자話者로 비유한 올레길이 눈치챈다.

멈추지 않는 바다 울음을
지켜보는 돌하르방*
바람 매질 멀리하고
우직하게 서 있다

수억 겁이 흘러도
숨비소리만 지켜줄 뿐
섬이 다하는
마지막 노래는 부르지 않는다

하르방의 커다란 눈망울에
열린 방울들
정겹기만 하다

* 돌로 만들어진 할아버지라는 뜻으로, 제주도민을
   수호한다고 하는 석신

- 『돌하루방』 전문

제주를 흔히 삼다도三多島라 부른다.
때로는 삼무도三無島로 불리기도 한다.
석다石多, 풍다風多, 여다女多, 즉 돌이 많고, 바람이 많으며, 여자가 많다는 얘기다. 그리고 삼무도는 도둑이 없고, 거지가 없고, 대문이 없다는 말이다. 그만큼 넉넉한 인심의 선량한 사람들이 사는 낙원이라는 말이다.
그런데 제주도가 돌이 많다는 것은 검은 화산암으로

쌓은 정겨운 돌담길이 올레길을 놀멍 쉬멍 걷다 보면 곳곳에서 만날 수 있는 것으로 짐작할 수 있다.

  그리고 여름철에서 가을 초입까지 우리나라에 오는 태풍의 길목은 자처하더라도 대한민국에서 가장 높은 한라산(1,950m)을 중심으로 사방에서 불어오는 바람은 그런 이름에 걸맞다.

  그런데 유독 제주도에 여자가 많다는 것은 무슨 이유일까?

  학설에 의하면 신생아의 남녀 성비는 비슷했으나, 일제 강점기 타지에 돈을 벌기 위해 오사카 등지로 출가한 사람의 80%가 남자였다. 20%의 여자는 일본에 해녀로 출가했다.

  그리고 특이하게 조천면과 구좌면의 남녀 성비가 격차가 심한 것은 일제 강점기와 제주 4.3사건을 겪으면서 많은 수의 남자들이 희생되었기 때문이라고 추정한다.

  그래서일까? 바다의 울음을 부릅뜬 눈으로 지켜보는 돌하르방은 이미 제주도민의 정신적 수호신의 자리를 넘어 숨비소리 가쁜 할망이 물질하는 곁을 지키는 든든한 제주 남정네의 역할을 은연중 맡아오는 살붙이가 된 것이다.

잃어버린 제주 4·3사건*
불타버린 곤을동 마을
소름 돋았던 돌담 위에
하늘레기 넝쿨 엉클어져
여기저기 맺혀 있다

이제 죽으나 저제 죽으나
산 자와 죽은 자 부둥켜안은 채
지옥마저 태워버린 주검들

아직도 하늘에 매달려
줄기 뒤엉킨 금외 속에
못다 한 불알로 남아
잃어버린 핏줄을
찾고 있다

 * 하늘레기 : '하눌타리'의 제주 방언
 * 제주 4·3사건 : 1948년 4월 3일 제주도에서 발생한 무력 충돌과
  진압과정에서 양민들이 희생당한 사건.

- 「하늘레기」 전문

 우리나라에서 살고 싶은 곳 1위에 선정될 정도로 많은 이의 로망인 제주도다. 비단 국내뿐 아니라 외국에도 이름난 관광지. 거대한 중국 자본이 제주도 땅의 상당 부분을 잠식하고 있다는 소문이 심심찮게 나돌 정도로 선망羨望의 땅이다.

맑고 청정한 대기, 하늘보다 더 짙푸른 코발트빛 바다와 곶자왈 등의 처녀림, 비선 나무 군락지, 주봉 한라산을 비롯한 많은 오름 등등 이루 헤아릴 수 없을 정도로 천혜天惠의 조건을 골고루 갖춘 관광지다.

하지만 시인의 귀는 아름다운 제주 산하 깊은 곳에서 지금도 들려오는 비명을 듣는다.

예민한 코는 흙이 가인이 돌로 쳐 죽였던 아벨의 피를 삼킴처럼, 저주받은 땅의 역겨운 피 냄새를 고통苦痛한다.

그리고 시인의 핏발 선 시선은 하필이면 소름 돋았던 돌담 위에 엉클어진 '하늘레기'에 시선이 멈췄다.

제주 4·3사건 당시 좌左와 우右의 이념도, 붉고 푸른 완장과 깃발의 의미도 모르는 양민들이 희생한 터 곤을동 돌담에 금빛 열매로 여기저기 매달린 '하늘레기' 금낭錦囊이 마치 씨를 전하지 못한 불알이 잃어버린 핏줄을 찾는 절규絶叫의 손짓으로 시인은 통곡한다.

그리고 상재上梓한 시집 제명을 『올레길 놀멍 쉬멍』으로 정한 시인의 속내가 엿보인다. 제주의 아름다운 경관과 즐길 거리만 심취心醉해 카메라에, 눈에, 마음에 담지 않는다. 제주 곳곳에 할머니 손짓처럼 숨어 있는 올레길을 서두르지 않고 놀멍 쉬멍 걷는다. 그리하여 들을 수 있는 소리와, 맡을 수 있는 땅 냄새, 그리고 시야에 들어오는 제주의 속살을 보기를 원하는 것이다.

　시집 제1부에는 여러 곳에서 제주의 아픔을 읽을 수 있다.
「돌담 넘어 그린 비」「빌레못동굴 속으로」「모른다」「노루귀」에서는 이념이란 깃발과 완장으로 짓밟힌 제주 4·3 사건의 아픔이다. 그리고 「잃어버린 오름」「돌다리」에서는 고려 말 몽골의 침략에 끝까지 저항한 삼별초의 최후 보루堡壘였던 역사의 흔적을 일깨운다.

>　갈바람에 흔들리는
> 꽃 나비를 찾아
> 오봉산 여근곡*으로 날아든
> 갈퀴 달린 삼각 무사
> 앞발을 구부려 세우고
> 옥문지를 지켜본다
>
> 두꺼비 우물가에서 울고
> 남근이 여근곡 속으로
> 들어가면 거시기한데
> 처녀가 지켜 온 절벽 아래
> 흙탕 싸움이 일어났다
>
> 잡히면 끝난다
> 덜컹거리는 입술
> 다르르 떨며 교통을 한다

욕정에 굶주린 옥녀에게
몸을 내주고
가슴에 남기는 이정표
젊음을 다 바쳤는가

불타던 몸
씨앗으로 남는다

* 경상북도 경주시 건천읍 신평리에 있는 여근곡(女根谷)은 누워 있는 여성의 음부 모양을 하고 있으며, 선덕여왕과 관련된 전설 중 하나에서 유래하는 지명이다. 경부고속도로 서울 방향 건천휴게소에서 5km 진행하다 보면 좌측에 뚜렷이 보인다.

- 「사마귀의 유혹」 전문

논자論者가 시평의 논제論題로 『한 땀 한 땀 시어로 채색되는 대동여지도』로 매김한 이유가 비로소 밝혀지는 부분이다.

모두 5부로 나뉜 83편의 시의 궤적軌跡을 쫓다 보면 가히 시인의 넓은 견문見聞과 탁월卓越한 안목에 혀를 내두를 지경이다.

전국 방방곡곡을 아우름은 물론이거니와 나아가서는 가끔 소개되는 해외에서의 경험치와 맞닥뜨릴 때마다 시인은 그곳에서의 감동을 오히려 절제된 시어로 재해석하며 채색하는 장인匠人의 기질을 유감없이 발휘한다.

먼저 고향 제주의 시가 큰 비중으로 자리한 것은 제목에서도 쉽게 유추類推할 수 있는 부분이다.

제1부에 속한 시 16편 전부와 곶자왈 / 모른다 / 먼물깍 메아리 / 노루귀 / 다랑쉬 오름 / 관탈도 / 탐라 계곡 / 존자암 / 꽃 문 / 들불 / 등이 모두 27편의 시가 제주의 자연과 영욕의 역사 사람 냄새 등을 그려냄으로 시인의 오늘을 있게 한 토양土壤임을 자랑스럽게 그리고 간절하게 소개한다.

그리고 사마귀의 유혹(경북 건천)/ 삼도봉 (전북, 경남. 전남에 걸친 지리산 봉우리)/ 풀무의 바람(전북 마이산)/ 쥐불놀이(충북과 강원)/ 용궐산(전북 순창)/ 무척산(경남 김해 생림)/ 외로운 관음송(강원 영월 청령포)/ 마애삼존불(충남 서산시 가야산)/ 바보 주막(경북 봉화)/ 해파랑 길(부산 오륙도)/ 바다로 가는 길(경남 진주)/ 차밭 골(부산 동래 온천동)/ 첨성대 사연(경북 경주시 인왕동)/ 색안경 속에(부산 광안리)/ 인생길 걷다 보면(충북 괴산)/ 보리수 그늘 아래서(인도 북부 갠지스강)/ 다랑이 밭(페루 잉카 마추픽추)

열거한 것처럼 시인의 발길 닿는 곳마다 시인의 심상 파노라마가 오묘한 언어로 채색된 대동여지도로 자리매김

한 것이다.

경북 건천은 청록파 시인 중 한 분인 박목월 시인의 출생지로 경부고속도로가 관통하는 지역이며 신라 천년의 고도 경주시 인근에 있다.

상행선 방향 5km 지점에 오봉산이 있고 그 산에는 마치 여인의 은밀한 곳 같은 여근곡이 있다는 해박한 지식을 접하는 순간, 마치 지도 한 장을 전해 받는 신선한 감동이었다.

그곳을 지나던 화자話者는 한 마리의 수사마귀가 되어 미혹의 계곡 여근곡이 손짓하는 욕정의 환희와 죽음의 경계境界를 저울질하며 스친다.

>구도자의 길을 따라
>쉼표 없이 지나간다
>
>농염한 모란꽃
>두견새 울음 안고
>설익은 해가
>서산에 머뭇거릴 적
>
>기다란 미로 위
>돌에 새겨 둔
>새 한 마리
>날아가지 말라며
>잘못 든 길을 돌아

내게로 온다

기억은 어두워지고
지나온 발자국엔
성긴 가지를 꺾어
새 발자국을 남기고

길 위에 길을 만들지만
후들거리는 다리에 잡혀
돌 위에 주저앉는다
갈증을 딛고 떠오르는 태양
미로를 탈출할 수 있는
천년의 줄탁*

숲속에 숨겨진 새가
하늘이 열리는
아침을 알아차린다.

* 줄탁 : 병아리가 알에서 나오기 위해서는 새끼와 어미새
가 안팎으로 동시에 쪼아야 한다.

- 「천년의 줄탁」 전문

 시인이 된다는 것, 시인의 길을 간다는 것, 그리고 시를 쓴다는 것, 어느 것 하나 쉽게, 또한 마음대로 이루어지는 것이 아니다.
 더구나 틈틈이 그려진 심상의 흔적들을 집대성해 시

집을 상재한다는 것은 시인의 민낯을 여과 없이 드러내는 모험이다.

수많은 밤을 밝히는 고적孤寂한 시간, 삼라만상의 희로애락을 함께 체득體得하며 환희의 송가를 부르는 희열의 순간, 때론 슬픈 운율에 애곡哀哭하며 조종弔鐘을 울려야 하는 선각자의 통한. 이 모든 것이 아우러져 잉태되는 산고産苦의 결과물인 것이다.

되돌아보면 쉼 없이 걸어온 구도자의 길이었음을 시인은 고백한다.

그 길 중에는 심비心碑에 깊이 새긴 한 마리 새처럼 잘못된 길에 들었던 어리고 어리석었던 후회의 날도, 어두운 기억 속 서툰 발자국으로 이어진 길 위의 길을 만들다 주저앉던 탄식歎息의 기억도 도사리고 있다.

하지만 생텍쥐페리의 『어린 왕자』에서 '사막이 아름다운 것은 샘이 있기 때문'이라는 주인공의 독백獨白처럼 갈증을 딛고 떠오르는 태양을 보며 흡사 미로 같았던 시인의 길이 하늘이 열린다. 마침내 눈부신 아침이 오는 「천년의 줄탁」.

독일태생 스위스 문호 헤르만 헤세의 소설 『데미안』에서 싱클레어가 껍질이 깨어지는 아픔을 견뎌 내고 창공을 힘차게 솟구치는 한 마리 새처럼 전성준 시인의 『천년의 줄탁』이다.

지금까지 전성준 시인의 시 세계를 심미안을 가지고 조심스럽지만, 행복한 시간을 가졌다. 상재上梓하는 『올레길 놀멍쉬멍』으로 날갯짓하는 시인을 축하고, 새롭게 만날 전성준 시인의 제2, 제3, 등 끝없는 완숙完熟한 내일을 격려하며 졸평拙評을 닫는다.